AF253663

APERÇU POLITIQUE.

De l'ancienne Aristocratie et de la nouvelle,

suivant les projets de

LOIS D'ÉLECTIONS

des 15 Février et 17 Avril 1820.

Par B. De LaMathe

Tout le mal vient de l'ancienne noblesse
et non du trône ni du peuple.

PARIS,

DELAUNAY, LIBRAIRE, AU PALAIS-ROYAL.

DE L'IMPRIMERIE DE HOCQUET.

MAI 1820.

APERÇU POLITIQUE.

Il y a en France trois corps politiques qui combattent pour le pouvoir : le ministère, l'aristocratie électorale, liée maintenant à la cause populaire, et l'ancienne noblesse. Le philosophe doit se placer le plus haut possible pour examiner les raisons pour et contre, les détails du combat, les armes, les positions ; il doit faire des vœux pour que la lutte finisse le plutôt possible, avec le moins de ravages possibles ; s'il veut connaître la vérité, il doit éviter de se mettre dans les mêlées, car, alors, le bruit des armes, les cris des combattans, l'empêcheront de rien entendre, si ce n'est ceux du même peloton, qui sont à côté, derrière ou devant lui.

Mais il est presqu'impossible de se maintenir sur ces hauteurs. La raison vous dit que tel ou tel parti est injuste et provocateur ; et il est bien difficile de ne pas secourir le parti que l'on préfère ; d'ailleurs les soldats actifs, qui n'aiment pas les observateurs, finissent par leur décocher quelque trait qui les oblige à descendre dans la plaine.

Si l'on examine l'esprit de ces trois parties *militantes*, on trouvera qu'il est au fond le même. L'esprit de toute corporation est d'envahir. Cela doit être : toute corporation se compose d'individus ; son esprit est un terme moyen entre tous les esprits des individus qui la composent. Or, chaque homme est ambitieux ; l'esprit d'un corps politique est donc un terme moyen entre des ambitions qui tendent au même but. Il est donc une ambition. Mais cette ambition peut avoir plus ou moins d'intensité, selon les hommes et les circonstances.

Notre pouvoir directorial n'a, pour le moment, je le pense du moins, d'autre ambition que celle de se consolider, de réunir, s'il est possible, les partis, ou, tout au moins, de les mettre dans l'impossibilité de se nuire, ou de lui nuire.

L'aristocratie électorale n'a, de même, pour le moment, d'autre ambition que celle de se consolider. Reconnue constitutionnellement, elle n'a rien à prétendre, si ce n'est de la fixité.

Toutes les ambitions sont concentrées dans l'ancienne noblesse.

Ce corps n'a qu'une consistance politique nominale : il se hâte d'en prendre une réelle. Chaque jour qui consolide de plus en plus l'aristocratie électorale l'ébranle davantage. Il était de la nature des choses qu'il poursuivît le combat avec acharnement ; il est descendu de sa considération, de ses richesses, de ses influences, de ses privilèges : quand on a perdu tant de choses , il est impossible que l'on ne tente pas tout afin de les reprendre. Des considérations morales nous montrent donc, déjà, que c'est à l'ancienne noblesse seule que l'on doit attribuer l'initiative de l'attaque. Premier point.

Chacun des partis a des droits et des prétentions légitimes ou qu'il croit tels.

Dans nos empires corrompus, il faut qu'un trône soit occupé, autrement il serait l'objet des tentatives de tout soldat heureux. S'il est occupé, il doit l'être par les mêmes familles, pour éviter les chocs des élections. S'il faut un trône, il doit être environné de considération, et doit se soutenir par sa propre puissance ; et si c'est tout cela qu'on appèle *légitimité*, je comprends, qu'en principes sains de politique, la légitimité soit fort légitime.

Mais, si l'on entend par légitimité que les peuples appartiennent à des rois par des droits divins, on me permettra de n'y plus rien comprendre.

En politique, comme en beaucoup d'autres choses, la forme couvre le fond, et c'est un grand malheur de ne pas choisir la plus simple. En mathématique, pour prouver que les trois angles d'un triangle font deux droits, on définit la ligne droite, les parallèles ; on vous démontre que les angles formés au-dessus d'une même droite font deux droits, que les angles correspondans sont égaux, ainsi que les angles alternes internes ; dès-lors tout est dit : il ne vous est plus possible de ne pas savoir, de ne pas être certain à tout jamais, dût il même vous en coûter la vie, que les trois angles d'un triangle font deux droits. Mais si, au lieu de ces démonstrations si simples, on vous parlait du Capitole, de la mer Rouge et de Babylone, vous jugeriez des conséquences par la futilité des intermédiaires, et vous finiriez par croire que le théorême est une absurdité.

Il en est de même des preuves que l'on apporte de la légitimité.

Les hautes classes de la société, je veux dire, les classes qui ont de l'argent, des rubans et des noms, méprisent trop le peuple : elles ignorent jusqu'à quel point les idées positives sont répandues dans le vulgaire. Cette universalité de connaissances est peut-être un mal sous certains rapports, mais elle est un bien sous d'autres ; car on retrouve partout M. Azaïs. Il est toujours évident qu'elle est un fait, et qu'il faut le reconnaître, et qu'il faut agir dans le sens de ce fait, si l'on veut établir quelque chose de solide et de durable.

Puisque, politiquement, les trônes sont institués dans le sens du bien général, ou, pour mieux dire, qu'ils sont institués pour prévenir les maux qui résulteraient de la corruption générale, il est bien évident qu'il faut les soutenir et qu'on est coupable de les ébranler. Le mal est qu'ils abusent, car toute institution politique marche à grands pas vers les abus. Dès qu'une fois l'on est le premier, on veut être seul ; mais, des abus, il ne faut pas conclure l'inutilité, comme de l'utilité il ne faut pas vanter le bienfait des abus ni combattre pour leur éternité.

Les prétentions de l'aristocratie électorale sont légitimes, en ce qu'elles sont fondées sur la loi. Le tems n'est pas encore venu où cette aristocratie fera du mal au peuple. Il faut d'abord qu'elle se consolide par le peuple. Alors elle fera comme a fait insensiblement l'oligarchie anglaise : elle rompra l'alliance. Cette aristocratie n'est pas liée aux intérêts du trône autant qu'elle l'est à ceux du peuple, par la raison qu'on ne peut s'appuyer à la fois sur deux intérêts opposés. Cependant elle n'est point ennemie du trône, et le soutiendra tant que celui-ci ne se déclarera point pour sa rivale. Ses usurpations sur le trône seront graduelles, dans l'avenir, et seront faites d'abord au profit du peuple.

Les prétentions de l'ancienne noblesse ne sont pas légitimes. Elles sont contre la lettre de la loi ; et comme elles tendent à *conserver* ce qui n'est plus pour *empêcher d'arriver* ce qui est, à remplacer des idées positives, à l'ordre du moment, par des idées de convention que le siècle repousse, elles rompent la tranquillité publique et ne sont fondées ni en raison, ni pour la raison.

Ce n'est pas que l'ancienne noblesse ne se légitime à ses yeux ses prétentions, et qu'il n'y ait des raisons tout-à-fait plausibles pour qu'elle puisse les légitimer de cette manière.

En fait, elle a possédé biens, privilèges, considération : elle est violemment dépouillée de tout.

En principes, des publicistes fameux, entre autres Montesquieu, ont établi la nécessité d'un corps aristocratique ; notre antique monarchie, fondée sur cette bâse, brilla long-tems du plus grand éclat.

D'un autre côté, l'aristocratie ancienne en voit s'élever une nouvelle, celle des colléges électoraux ; elle s'indigne de se voir repoussée, avilie, sous le prétexte de l'égalité des conditions politiques, lorsque d'autres individus rompent déjà cette égalité ; elle croit que l'illustration des souvenirs et des champs de bataille vaut celle des richesses et de l'industrie, quelque estimable qu'elle soit.

Elle pense donc avoir pour elle les principes, les droits ; l'expérience, la raison ; avoir contre elle des masses qui vont à l'aventure, qui heurtent et renversent tout pour relever, sous d'autres noms, ce qu'elles détruisent ; elle se croit donc obligée de tout tenter dans l'intérêt même du trône et de la patrie.

Mais toutes ces considérations personnelles se

perdent dans les volontés, dans les besoins du siècle. Quelque nom dont ils se couvrent, ce ne sont qne d'imprudens factieux, les hommes qui commencent par *détruire* pour parvenir à *conserver*.

Si donc les anciens nobles ont commencé le combat, ils l'ont commencé sans aucune cause légitime. Second point.

Voyons maintenant quels ressorts ils ont fait mouvoir.

Le trône est dans la position de choisir ses alliances ; il peut prendre pour appui l'aristocratie électorale ou l'ancienne aristocratie.

Son intérêt, bien entendu, le porte vers celle-là ; mais ses affections, ses habitudes le portent vers celle-ci. De là tout le mal.

Et l'ancienne aristocratie, dont l'orgueil ne veut point d'alliance avec le peuple, emploie tous les ressorts de sa politique pour faire penser au trône que le peuple veut le renverser, et que, par conséquent, il est de son existence de se séparer du peuple et de se lier à elle.

Tout le monde est fait comme notre famille. Les corps politiques ont les mœurs, les allures des simples individus. Si je suis l'ennemi de Pierre, et que je veuille empêcher son alliance avec Jacques, je dirai à Pierre que Jacques veut le tuer.

Ce fut là précisément dans ces derniers tems la conduite de l'ancienne aristocratie.

Ses journaux ont pris l'initiative d'attaque.

Nous avons vu dès 1814 un article de journal, ayant pour titre : Conformité d'opinions entre Marat, Robespierre et Danton, et les royalistes constitutionnels de 1814.

Ils ont excité le peuple en tout sens, en appelant la nation rébelle ; l'armée, les soldats de Robespierre à cheval ; ils ont vilipendé la Charte, injurié les possesseurs de biens nationaux ; traîné dans la boue toutes les granties, et lorsque les feuilles populaires ont riposté, ils ont crié à l'anarchie, aux dangers de la couronne.

Rien ne prouve, rien n'indique, rien ne laisse seulement soupçonner que MM. Dupont de l'Eure, Manuel, Lafayette, Benjamin Constant, et autres, nommés depuis la loi des élections du 15 février 1817, veuillent le renversement du trône constitutionnel. Il est seulement prouvé que M. Dupont de l'Eure a été rayé de la liste des juges, M. Manuel, de celle des avocats, M. Benjamin Constant placardé sur tous les murs de la capitale ; mais comme ces députés ne sont point dévoués à l'ancienne noblesse, l'ancienne noblesse a crié à l'anarchie, aux dangers du trône.

Suivant l'aveu même des ministres, le département de l'Isère a été en proie à l'action contre-révolutionnaire, et M. Sapey (l'un de ses députés) a parlé d'une séance de la Cour prévôtale de Grenoble, qui avait mis en jugement, condamné et fait exécuter vingt-une personnes en un jour. Il était naturel que ce département cherchât contre de nouveaux malheurs une puissante garantie. Ils ont eu l'imprudence de nommer M. Grégoire, *cet heureux prétexte*, et l'ancienne noblesse a crié plus fort que jamais : au 21 janvier, un régicide, à l'anarchie !

On a été plus loin, et l'on a dit que le systême d'élection du 5 février 1817 tendait à amener des régicides à la chambre, c'est-à-dire que les cent mille électeurs voulaient renverser le trône. Ce sont les ministres qui l'ont supposé ; c'est l'ancienne noblesse qui l'a dit ; mais si cela était, le mal serait dans le cœur de la nation, car les cent mille plus imposés, soit propriétaires, soit négocians, sont bien évidemment la partie la plus noble de la nation ; et si le mal était là, il serait partout. Si l'influence des souvenirs, si les passions, si toutes les misères du corps social, avaient pu atteindre les cent mille plus éclairés, elles auraient infecté tous ceux qui auraient moins de lumières. Quand les ministres, quand la noblesse tiennent ce langage, quand ils veulent restreindre la représentation à *quinze mille individus* pour conserver la dynastie, ils disent au monde que le trône des Bourbons repose sur *quinze mille hommes*, et que tout le reste de la nation veut l'abattre.

Si cela est, il faut lui conquérir l'affection nationale, et faire ainsi le contraire de ce qu'on fait ; si cela n'est pas, le dire est injurier la nation qui veut du repos, de la stabilité ; c'est compromettre la dignité de nos princes chez l'étranger ; c'est armer des factions en leur faisant croire qu'elles trouveraient des secours. L'ancienne aristocratie est dans une position si fausse, qu'elle ne peut se soutenir qu'en frappant dans leur base, ceux même qu'elle prend pour soutiens.

Enfin, un furieux a frappé le fils des Rois ; et l'on a écrit que son poignard était une idée libérale : c'est comme si l'on eût dit que le couteau de Ravaillac était une idée chrétienne.

L'ancienne aristocratie a provoqué : les libéraux ont repliqué, et l'ancienne aristocratie, mettant un voile sur sa propre agression, a montré la défense comme une attaque, à peu près comme cet homme qui, tirant le poignard sur un passant, se mit à crier à l'assassin, parce que celui-ci pour se défendre tirait l'épée sur lui. Je vois tous les torts du côté de l'ancienne noblesse.

Il y a dans ce parti des hommes d'une grande éloquence et d'un grand savoir ; je ne sais s'il y a des hommes assez forts pour diriger des masses, et, s'il en existe, il est bien certain qu'ils n'ont pas la direction de ces masses.

Rien n'était plus facile à l'ancienne aristocratie au moment de la restauration que de reprendre insensiblement son influence. Il fallait se lier au peuple : elle eût été de suite mise à sa tête. Mais elle s'est précipitée en aveugle : elle s'est, en 1814, jettée sur ses antiques prérogatives ; parce que Louis XVIII rentrait dans ses droits, elle a cru rentrer dans ses privilèges ; mais les Tuileries étaient vides, et les privilèges sont remplis. En 1815, elle a voulu, de la façon que chacun sait, reprendre son pouvoir. Ce n'était pas le moyen de se donner cette force morale sans laquelle il n'est pour aucun corps politique, aucune stabilité. Dans ces derniers jours, du moins, elle a montré beaucoup d'adresse pour perdre les libéraux. Soutiendra-t-elle cet avantage ? C'est ce dont on peut douter. Il est plus facile d'acquérir que de conserver.

Les libéraux ont en leur faveur le bonheur de ne pas avoir été dans la position de prendre l'attaque. Ils ont en leur faveur les droits les moins incontestables soutenus par les vœux de tous. Mais ils ne sont pas sans avoir commis des imprudences. Examinons leur conduite.

Ils ont eu, dans l'origine, plus de tenue, parce qu'ils ont eu moins d'irritation. Maîtres du terrain, ils n'ont pu avoir les mêmes passions que ceux qui voulaient s'en emparer. Mais dans les dernières circonstances qui ont précédé l'ouverture de la session actuelle, ils ont fait preuve de manque d'habileté.

Ils devaient savoir que, faire naître des fautes

pour en tirer parti, est la tactique de l'ancienne a-ristocratie, et ils se sont précipités dans les prétextes.

Les amours-propres, les noms propres, les petites misères de l'espèce humaine ont pris fait et cause ; on a avancé des doctrines anti-monarchiques, on a parlé des deux Napoléon; on a passé le but d'une défense légitime, et trop d'esprit, un cœur trop chaud, une imagination trop vive, ont gâté la cause de la patrie. Ils ont ouvert une brèche à la citadelle nationale, et leur ennemi va tenter d'y pénétrer, armé d'une nouvelle loi d'élection.

On devrait traiter une partie de politique, comme une partie d'échecs : ne jamais compromettre son jeu, chaque fois qu'on est sûr du gain. Or, après l'ordonnance du 15 septembre, il est bien évident que les libéraux avaient partie gagnée. Il ne leur fallait que de la modération et du tems.

Depuis l'ouverture de la session jusqu'à la proposition des lois d'exception, la conduite des libéraux a de même été tout à fait fautive. Soutenir la nomination de M. Grégoire, est d'une maladresse que rien ne peut égaler. A un simple prétexte ils ont donné la couleur d'une certitude ; ils ont même été malheureux dans leurs moyens de défense, et l'on a vu l'un de nos hommes les plus forts en théorie libérale, soutenir qu'il fallait admettre *maintenant* dans la chambre M. Grégoire, par la raison que M. d'Otrante avait été , *jadis,* admis dans le conseil du Roi. Or ce même M. d'Otrante est *maintenant* en exil. C'était donc dire implicitement : nons devons accueillir un homme compromis dans la mort du Roi , parce qu'un autre homme compromis dans cette mort est en exil. Je sais bien que l'homme remarquable dont je parle n'a pas fait , sans malice , une semblable erreur de raisonnement ; mais c'est peut-être un autre mal que ces investigations dans des choses au-dessus de l'ordre commun des évènemens. On a dans ces tems - là parlé beaucoup aussi de principes ; mais les principes indépendants de leur application sont une chose tout à fait vaine , et quand je vois des hommes vouloir les appliquer en dépit des circonstances , il me semble voir un mécanicien vouloir appliquer une force de dynamique sans tenir compte des localités , des obstacles et des frottemens.

Depuis la proposition des lois d'exception, la conduite des libéraux a-t-elle été ce qu'elle devait être ?

Leurs imprudences, leurs demi-torts, les ont fait tomber dans un piége : et quand on les y a vus pris, on s'est mis à les frapper. Si l'on avait voulu les punir dans une juste proportion de leurs imprudences, ils n'auraient point eu de défense légitime, mais on a évidemment outre-passé toutes les bornes. Ils se sont défendus ; ils ont eu raison.

La nation des libéraux, j'entends les hommes qui veulent également le Roi et la Charte, la Charte et le Roi, forme un corps politique ayant vie. Le projet de loi des élections du 15 février tendait évidemment à mettre à mort ce corps politique ; or, un malheureux que l'on entraîne dans des peccadilles calculées, et à qui l'on veut ensuite abattre la tête sous le prétexte d'une criminalité intentionelle, a bien, au moins, le droit de se servir de tous les moyens qui sont en son pouvoir, pour défendre ses jours, pour prolonger son agonie. Telle fut, après la séance du 15 février, la position des libéraux.

Il faut regarder la discussion des projets de lois sur la liberté de la presse et sur celle individuelle, comme des divergences d'opinions qui ne sont devenues de véritables affaires de partis que parce que l'on savait qu'une grande bataille devait les suivre. Ces lois, plus ou moins plausibles, sous plus ou moins de rapports, et qui, certes, sous le ministère actuel et le gouvernement du Roi, sont sans aucuns dangers ; ces lois qui ne sont que temporaires, dont la Chambre des pairs empêchera, le renouvellement, en modifiant, peut - être, l'une d'elles, ne méritaient pas, par elles-mêmes, tout l'odieux dont on les a couvertes. Mais les libéraux allaient être accablés par l'arme des prétextes, ils s'en sont saisis à leur tour : encore une fois ils ont bien fait.

Il est à remarquer qu'ils ont dans ces circonstances, professé le plus grand respect pour les doctrines monarchiques, et l'on a entendu, avec le plus grand intérêt, l'un de leurs plus éloquens orateurs, M. B. Constant, attaquer jusqu'aux théories de J.-Jacques. On ne saurait trop témoigner de reconnaissance à ces vrais représentans du peuple qui, sans perdre de vue ses libertés, proclament la légitimité des couronnes, et qui disent : Nous voulons soutenir le peuple pour le roi, le roi pour le peuple.

Il est vrai qu'ils n'ont point ménagé le reste, et que les hommes monarchiques exclusifs, ainsi que le ministère n'ont point dû se féliciter du succès de ce premier combat.

L'ancienne aristocratie a amené insensiblement le ministère à changer la loi d'élections et le ministère a voulu les deux lois d'exception pour prix de ses complaisances, de sorte, que l'ancienne noblesse, pour reconquérir le pouvoir, s'est vue contrainte de se séparer encore plus de l'opinion publique, qui peut seule le consolider, et que les libéraux, au moment de le perdre, se sont liés plus que jamais à cette même opinion qui finit toujours par le rendre.

Je ne sais pas si l'ancienne noblesse appèle cela des victoires, mais encore une pareille, et Annibal retourne à Carthage.

Les deux mesures d'exceptions ont produit un

incident **remarquable**, celui de la souscription ouverte en faveur des hommes détenus par suite de la loi qui établit la suspension de la liberté individuelle. Considérée comme œuvre philantropique, cette association n'a rien que de louable ; considérée comme œuvre politique et sous le rapport du texte de la loi, elle n'a rien de blâmable ; je ne sache point de loi, qui empêche des citoyens de se réunir pour donner des secours à un détenu. Si le détenu est innocent, cette association devient un bienfait ; s'il est coupable, elle ne peut commettre un délit, car elle ignore que le détenu est coupable, et quand même elle connaîtrait cette culpabilité, on ne pourrait trouver un délit réel dans la protection qu'elle lui offre, que si cette protection tendait à le soustraire à un juste châtiment. S'il ne s'agit que de secours donnés à l'homme coupable et souffrant, la religion nous les prescrit.

Nous avons vu par ce qui précède, comment et pourquoi, le pouvoir directorial, offensé de la conduite des libéraux, s'exagérant leurs torts, envahi par l'ancienne aristocratie, avait quitté leur alliance pour recourir à celle de l'ancienne noblesse.

Or, pour examiner le résultat de cette alliance, il faut d'abord convenir que le trône, s'il se lie au peuple, n'a rien ou bien peu de chose à craindre de l'ancienne aristocratie. Des cris, des larmes, du désespoir, des notes secrètes, n'ébranleront pas un trône établi sur trente millions de Français.

Il faut ensuite reconnaître qu'il n'y a plus même sécurité pour le trône s'il se lie avec l'ancienne aristocratie.

Celle-ci, pour causer moins d'effroi à ses ennemis et à ses protecteurs, ne manque pas de dire maintenant qu'une contre-révolution est impossible et qu'elle n'a jamais eu le projet de l'effectuer.

D'abord elle ne peut pas ne pas vouloir la contre-révolution, par la raison que la révolution lui a tout enlevé et que l'on ne peut pas ne pas vouloir le contraire de ce qui vous a nui.

La preuve qu'elle a voulu la contre-révolution, c'est qu'elle l'a tentée en 1814 et 1815 et que des circonstances indépendantes d'elles, le retour de Napoléon et l'ordonnance du 5 septembre, l'ont seules arrêtée dans ses desseins : quelques-uns disent qu'elle l'a voulue ; mais, qu'éclairée, elle ne la veut plus ; comme si les passions et les intérêts pouvaient s'éclairer ! comme si 1815 n'était pas d'hier ! la preuve qu'elle la veut encore, c'est qu'elle dit la vouloir, c'est que ses écrivains impriment qu'elle la veut. *Delenda est* CARTHAgo est une parole curieuse que rien ne peut effacer.

Comment douter que l'on veut la contre révolution, c'est-à-dire le retour forcé de 1820 à 88, hommes, habitudes, Gouvernement, fortunes, lorsque l'on propose des lois qui tendent à mettre à la tête des affaires les hommes qui ont intérêt à faire cette contre-révolution ; lorsque la séance du 25 avril a montré que, pour l'effectuer, il existait non point seulement en 89, non point seulement en 1815 ; mais cette année, ce moment même, un comité directeur, des circulaires, des forces, de l'argent, des moyens de correspondance dont la rapidité échappe à l'imagination ? il faut le dire, il faut le crier sans cesse, non point pour ébranler le trône, mais pour le préserver d'un abyme où l'on veut l'entraîner : ON VEUT LA CONTRE-RÉVOLUTION.

Mais la contre-révolution est-elle possible ? Peut-être ne faut-il pour l'effectuer qu'une loi d'élections qui livre la Chambre à l'ancienne noblesse, une bonne tête et du tems. Ce qui manquera ce sera la bonne tête et le tems. Des hommes affamés de reprendre, dont la vie sans va, qui sont irrités, impatients, qui ne demandent *qu'un jour*, *une heure*, pour ramener le tems de Louis XIII, ne voudront pas remettre leurs destins à la génération prochaine. Une foule de Minutius déconcerteront le plan de quelque Fabius.

La révolution sera rendue impossible, par les efforts heurtés que l'on fera pour en hâter le mouvement.

Donnez le pouvoir aux anciens nobles et la France retrouvera avant dix ans, peut-être avant deux, son 5 Septembre ou son 20 Mars.

Or c'est dans cette tentative que sont les dangers dont une alliance avec l'ancienne aristocratie peut entourer le trône.

Le trône s'est appuyé sur l'ancienne aristocratie en 89 et s'est écroulé.

Il s'est appuyé sur elle en 1815 et il soulevait toute la France contre lui.

Il menace de nouveau de s'appuyer sur elle, et déjà l'opinion l'isole au milieu de la patrie.

Les trônes méprisent trop l'opinion ; mais l'opinion fait agir les bras et les bras font mouvoir le reste.

Et si l'opinion ne fait pas mouvoir les bras, elle les laisse en repos, ce qui est un danger non moins grand. L'attitude d'inertie est une force comme la puissance d'attaque et les Français qui ont laissé revenir Napoléon quand ils auraient pu l'empêcher d'entrer, ont fait absolument la même chose que si s'ils l'avaient été cherché.

Personne en France, à l'exception de quelques insensés ne rêve maintenant la république. On veut un trône, on le veut occupé par les Bourbons. Ce n'est donc point là qu'est le vice de notre position. Il existe dans la manière dont on veut que ce trône soit posé ; les uns veulent l'asseoir largement sur le sol et l'entourer du peuple ; les autres veulent le tenir en équilibre dans un tems d'orage au sommet d'un corps pointu.

On me dira que si le trône se lie à l'aristocratie électorale , celle-ci ne manquera pas de devenir usurpatrice.

L'alliance immédiate de tout le peuple, par des
élections échelonnées, offrirait peu de dangers ;
l'alliance médiate du peuple par le moyen
d'une aristocratie intermédiaire de cent mille
électeurs pris dans son sein en laisserait sans
doute. Le peuple n'est pas usurpateur, il y a trop
loin de lui au trône ; les aristocraties constituées
sont usurpatrices, parce qu'elles en sont plus rap-
prochées; mais si le trône a quelque chose à craindre de l'aristocratie électorale, n'a-t-il pas les
mêmes dangers à redouter de l'aristocratie
ancienne? peut-il avoir oublié la féodalité et les
parlemens ?

Nous avons fait passer sous les yeux du lec-
teur quelque vérités importantes.

Le pouvoir directorial et l'aristocratie électorale, suivant la loi du 5 Fevrier 1817, n'ont pour le
moment d'autres intérêts que celui de se consolider:
ce n'est donc pas de là que part l'attaque.

L'aristocratie ancienne, au contraire, a l'intérêt le plus grand à risquer le peu qui lui reste
pour obtenir quelque chose, et c'est d'elle seulement qu'il faut se défier.

La légitimité n'est point une chose illusoire
dans le propre intérêt des peuples : il faut donc
la respecter et la faire respecter.

L'ancienne aristocratie a calomnié la nouvelle et celle-ci a été conduite comme par la main et par sa rivale, dans tous les écarts qu'on lui reproche, et que l'on a trop exagérés. Le trône n'a donc rien à craindre de cette aristocratie, et son alliance naturelle est avec elle ; et si cette alliance est sincère en vain l'ancienne aristocratie se montrera menaçante.

Mais au contraire une alliance avec l'ancienne noblesse peut et doit lui devenir fatale.

Ainsi donc, non seulement l'ancienne aristocratie a fait le mal qui précède, mais elle prépare encore le mal qui vient.

C'était dans le sens de cette alliance qu'était faite la loi du 15 Février 1820.

Aux termes mêmes de la Charte, il y a dans l'aristocratie électorale deux dégrés d'aristocratie, celle des simples électeurs et celle des éligibles : les éligibles forment une seconde aristocratie, parce qu'ils ont seuls le droit d'être élus.

Tout corps politique constitué finit bientôt par avoir cet esprit particulier que l'on désigne par esprit de corps. Tous les intérêts, tous les vœux, toutes les voix du corps des éligibles seront donc bientôt entraînés dans un même mouvement.

Tout corps politique laisse dans son propre intérêt la direction des affaires aux plus habiles, aux plus expérimentés, aux plus influens.

Or l'ancienne noblesse, par l'état de sa fortune, est, en partie, comprise dans ce corps d'éligibles. Il serait donc possible , si elle se liait à lui d'intention et de mouvement, quelle en prît la direction, car qui maintenant a plus d'influence qu'elle ?

Cette influence, que depuis la restauration elle exerce si efficacement sur les ministères, peut encore trouver des circonstances où elle agisse plus puissamment : il est donc très-probable que le ministère favorisera l'influence que l'ancienne noblesse exercera sur le corps des éligibles. Comment pourrait-il résister à une force qui a fait prendre , en 89 , une autre face à la révolution; qui, en 1814, l'a fait reculer ; qui, en 1815, tentait de la mettre à mort, et qui, en 1820, soulève contre elle tous les rois et toutes les oligarchies ?

Voyons rapidement, d'après ces bases, quelles eussent été les conséquences du projet de loi du 15 février 1820.

D'abord l'oligarchie des éligibles , jusqu'à présent disséminée dans les colléges de département avec le reste des électeurs, avait le privilége exclusif de s'assembler dans ces colléges, et cette mesure réunissant tous les membres, leur donnait les moyens de s'organiser, de se constituer d'avoir une forme , un corps, une ame.

La nouvelle loi du 17 avril lui conserve ce privilége.

Les éligibles, au nombre environ de 16,000, avaient ensuite le droit, et sous le prétexe que la grande propriété devait être particulièrement représentée, de nommer 172 députés sur 430 que devaient envoyer la nation entière, de sorte que 16,000 individus prenaient les deux-cinquièmes des députations de cinq millions d'individus qui seraient aptes à élire.

Ce n'est pas tout : indépendamment de leurs élections exclusives dans les départemens, ils avaient dans les arrondissemens des élections communes avec le reste des électeurs, et comme leurs voix n'étaient pas moins comptées que celles des autres, elles devaient produire un nombre de députés proportionné à leur masse, environ 5o. Ils avaient donc, par les colléges départementaux, 172 députés, par ceux d'arrondissement 5o, en tout 222 sur 430, ou 222 contre 208, c'est-à-dire la majorité.

Le Ministère s'était réservé la formation des bureaux, qui dans les collèges départementaux et ceux d'arrondissement, dépouillent les votes; or, il aurait fait voter comme il l'aurait entendu; l'inamovibilité des places des hommes compris dans les catégories qui pouvaient seules siéger dans ces bureaux, n'y eut rien fait, car il n'y a pas d'inamovibilité chaque fois qu'on peut avancer.

Il suit de là qu'il eût toujours été possible aux Ministres de completter à l'oligarche des éligibles sa majorité, si quelque circonstance la lui eût ôtée.

D'autres dispositions tendaient à fortifier encore cette nouvelle oligarchie : l'augmentation du nombre des colléges pour diviser la coalition des intérêts de la basse aristocratie, des électeurs à 3oo ; l'obligation de payer en impôts fonciers la moitié des cotes, afin de diminuer la force numérique de cette basse aristocratie.

Sans entrer dans de plus grands développemens sur les conséquences d'un projet auquel on a renoncé, on ne peut pas ne pas conclure qu'il tendait puissamment de la part des ministres à créer une oligarchie, et de celle de l'ancienne noblesse à s'en séparer. Or, ces deux résultats eussent amené des tentatives de contre-révolution.

Ce qui a fait échouer ce projet, ou, pour mieux dire, ce qui paraît devoir leur donner un autre cours, c'est la résistance inattendue des libéraux français. Ce sont ces 100,000 pétitions en faveur de la Charte ; ce sont ces tribuns à la Mirabeau, les Bignon, les Manuel, les Chauvelin, qui ont soulevé toutes les opinions et ont fini par inquiéter le ministère.

La révolution espagnole n'a pas moins porté un contre-coup funeste à l'ancienne noblesse. Elle a montré aux trônes la nécessité d'une alliance avec les nouvelles idées, et a affaibli d'autant celle qu'ils veulent conserver avec les anciennes.

Il semblerait de l'avantage bien entendu de

l'ancienne noblesse de ne plus persister à se séparer du corps social dans l'espérance de le dominer ; elle peut encore être appelée à de hautes destinées. Les palais Bourbon et du Luxembourg sont disposés à rechercher sa présence, à s'en honorer. Mais pour être à la tête des peuples, il faut qu'elle se résolve à marcher dans le sens du siècle, ainsi que le font tant d'illustres patriciens. Si elle persiste à résister à la masse, elle se brisera contre elle sans gloire et sans profit.

Ce n'est pas tant un gouvernement oligarchique la France redoute, qu'un Gouvernement oligarchique entre les mains des hommes qui veulent la tourmenter dans ses idées et dans ses biens. Si l'ancienne aristocratie n'avait voulu que la puissance, elle l'aurait eue ; mais elle a voulu attaquer tous les intérêts immédiats et elle n'aura rien qu'en dépit de la France ; toutes les opinions se soulèveront à la seule pensée de lui voir ressaisir le pouvoir.

L'ancienne aristocratie devrait donc oublier qu'elle fut corps politique, pour savoir seulement qu'elle est royaliste et française.

Mais ce n'est point là ce qu'elle prétend faire : elle est de sa nature militante. Elle ne traite pas avec ses ennemis ; *tout ou rien; être, ou n'être pas; régner, quand même....* sont les mots sacramentels écrits sur ses bannières.

Vaincue en 89 par la révolution; comme étouffée sous le despotisme impérial, déconcertée par le 20 Mars, réprimée le 5 Septembre par la haute sagesse du souverain, débusquée de la loi du 15 Février 1820, elle se rejette sur le projet du 17 avril 1820.

Cherchons à découvrir quels seraient les résultats de ce nouveau projet.

Nous avons vu que la loi du 15 février 1820 donnait aux oligarques éligibles la majorité numérique de 222 contre 208, et que la formation des bureaux auraient pu rendre cette majorité plus forte. On a renoncé à ces combinaisons, et l'on veut atteindre le même but par un autre chemin. La France n'y peut échapper, il lui faut absolument un Gouvernement oligarchique à l'anglaise.

On a donc imaginé la combinaison suivante.

Les électeurs de 300 à 1000 environ se réunissent dans les colléges d'arrondissement pour y choisir, parmi les *éligibles*, environ 1200 candidats, et les *éligibles* se réunissent dans les colléges départementaux, pour choisir, parmi les 1200 *éligibles* candidats, environ 250 *éligibles* députés.

Voici donc toutes les prérogatives des éligibles :

Ils sont séparés de la nation comme électeurs ;

Ils sont séparés des électeurs,

1°. Comme éligibles ;

2°. Comme pouvant seuls être nommés députés ;

3°. Comme ayant des séances particulières ;

4°. Comme ayant le droit de choisir les députés pris dans leur sein, au milieu de candidats pris également dans leur sein.

Je défie que l'on invente plus de combinaisons plus efficaces pour consolider une oligarchie naissante.

On dit que les colléges d'arrondissement décideront des choix en ne présentant pour candidats que des hommes dont ils seront sûrs.

Mais y aura-t-il dans le corps des 15 à 18,000 éligibles, 1000 à 1200 individus indépendans de son esprit ?

Mais la basse élection pourra-t-elle distinguer ces hommes d'un mérite si rare, qui, contre le cours ordinaire de la vie, se sépareront d'une caste privilégiée, dont ils partagent les avantages, et se lieront à un peuple dont ils ne peuvent attendre qu'une stérile reconnaissance ?

Mais sur 15 à 18,000 individus privilégiés, ne se trouvera-t-il point de bons frères qui, dérivant un peu des principes d'une noble franchise, feindront un grand attachement au parti populaire, afin de faire portion des candidats, pour faire ensuite portion des députés ?

Voilà les difficultés qu'il faudrait résoudre avant de prétendre que la basse élection sera représentée.

Le projet de loi du 17 avril consolide l'oligarchie française, plus fortement encore que ne pouvait le faire le projet du 15 février.

Mais si ce projet remplit plus efficacement l'un des deux buts, il peut bien avoir manqué l'autre. Il est bien possible que l'ancienne noblesse ne domine plus dans cette oligarchie : au moins ses espérances sont vagues : elle est privée de l'influence si positive des bureaux qu'elle eût exercée par la main du ministère.

Peut-être a-t-elle quelque voie cachée pour compenser cet échec.

Puisque l'ancienne aristocratie a échoué en partie dans ses desseins, il y a donc moins de chances en faveur de la contre-révolution , et plus de chances en faveur de la tranquillité civile, de la paix extérieure et de la considération du trône des Bourbons.

Il suit de tout ce qui précède que le mal ne vient ni du trône , ni des peuples , mais de l'ancienne aristocratie seule. Il suit encore que le projet du 15 février investissait immanquablement cette aristocratie du pouvoir ; mais que le projet du 17 avril qui tend évidemment à créer une oligarchie, n'est point assez fortement combiné en faveur de l'ancienne noblesse, pour lui donner, à coup sûr , ce même pouvoir.

On peut donc considérer l'attaque faite par l'ancienne noblesse, comme une attaque à demi-avortée. La révolution espagnole et la manisfestation publique , de plus ; les bureaux de la loi du 15 février 1820, de moins, rendent l'issue du combat tout à fait douteuse.

Je ne donne point ce qui précède comme bon, mais comme mien. Je ne prétends pas avoir bien vu ; je dis seulement ce que je crois avoir vu. Je ne suis certain que d'une chose, c'est de la sincérité et de l'indépendance de mes opinions.

J'examinerai ces jours-ci particulièrement la loi d'élections du 7 Avril sous tous ses divers points de vue.

FIN.

www.ingramcontent.com/pod-product-compliance
Lightning Source LLC
Chambersburg PA
CBHW051349060726
47596CB00004B/1834